Juan Constanza

Cómo hacerse rico en la bolsa de valores

AF235574

Editorial:
Books on Demand
Norderstedt, Alemania
ISBN 9783752879070
© 2018 Juan Constanza
Foto de portada: Escultura
frente a la Bolsa de Frankfurt
Escultor: Reinhard Dachlauer
Foto: Juan Constanza

Introducción

Un error común: El éxito en el mercado bursátil require un amplio conocimiento y mucho trabajo y tiempo. Como resultado, algunos inversores no invierten en acciones, a pesar de que generan la mayor cantidad de beneficios a largo plazo. La realidad es felizmente diferente: Para el éxito bursátil solo se requieren dos condiciones. Algunos conceptos básicos y el conocimiento de las mejores estrategias de acciones desarrolladas por los especuladores del mercado de valores más exitosos. Los lectores aprenderán a través de este libro cómo pueden adquirir una gran fortuna con la ayuda de las mejores estrategias de acciones.

Indice

Los mejores especuladores

Querida amiga,

en su carta me preguntó qué argumentos hablan para la bolsa de valores. Primero escribo lo que habla en contra de ella:

La bolsa de valores tiene un artículo femenino en la mayoría de los idiomas y es una dama caprichosa y completamente impredecible. A veces ella está de buen humor, en el mercado bursátil 'mercado alcista'. A veces ella está muy afligida, en el mercado bursátil 'mercado bajista'. Ella está fuertemente influida por los sucesos políticos, incluso si ocurren en el otro lado del globo. Siempre siente curiosidad por los rumores positivos y negativos, a lo que responde con subidas y bajadas de precios. Si quieres hacer negocios con esta dama caprichosa, tienes una vantaja como mujer. Las estadísticas demuestran que las mujeres en el mercado bursátil tienen, en promedio, más éxito que los hombres, ya que prefieren estrategias seguras de inversión, pero los hombres corren el riesgo de especulación.

En lugar de contarle un tratado sobre los métodos de la especulación bursátil, prefiero contarle la historia de éxito de los mejores especuladores.

Benjamin Graham nació en Londres en 1894. Su familia emigró a Nueva York. A la edad de 20 años, Benjamin comenzó su carrera en Wall Street. Por 12 dólares a la semana, escribió precios de acciones en una pizarra. A la edad de 25 años, ya tenía un ingreso anual de 600 000 dólares. En 1934, explicó su nueva estrategia de inversión en su bestseller 'Security Analysis'. Tomando esta estrategia en cuenta, en 1948 invirtió una cuarta parte de sus activos en la compañia de seguros 'Geico'. Durante los próximos 8 años, obtuvo una ganancia del 1635 % de esta inversión. Durante 30 años, su estrategia ha arrojado un beneficio anual promedio del 17 %. 10 000 dólares se convirtieron en 1 110 000 dólares. De 1928 a 1957 enseñó en la *Universidad Columbia*. Hubo solo un estudiante al que le dio la mejor calificación A +:

Warren Buffett

Compró las tres primeras acciones a la edad de 11 años. Desde 1945, especuló en la compañía de inversiones de su maestro *Benjamin Graham*. Cuando terminó, *Warren Buffett* recaudó 105 000 dólares de sus parientes y fundó su propria empresa de inversión. Ésta logró un rendimiento anual promedio de 29,5 % de 1956 a 1969. 10 000 dólares se convirtieron en 150 000 dólares. Los parientes de *Warren Buffett* se convirtieron en multimillonarios. En 1998, todos los que invirtieron 10000 dólares en 1956 obtuvieron la fantástica suma de 150 millones de dólares. *Warren Buffett* ha adquirido

75 mil millones en especulación bursátil.. Su acción *Berkshire Hathaway* actualmente cuesta 300 000 dólares y es la acción más cara del mundo. *Warren Buffett* utiliza solo el teléfono para su especulación bursátil. Él no usa una computadora personal, porque no tiene interés en los cursos actuales.

"Tambien podría estar en algún lugar donde el correo llegue tres semanas tarde e invertir mara villosamente."

A diferencia de otros especuladores famosos, *Warren Buffett* no oculta sus compras de acciones. Ellos son publicados y comentados por él. Esto lo convirtió en un gurú para millones de pequeños inversores en América. Repiten sus compras de acciones, lo que aumenta su precio.

Warren Buffett no tiene una opinión alta de los profesionales de Wall Street: "Wall Street es el único lugar donde la gente maneja tomar el Rolls Royce para pedir consejo a las personas que toman el metro."

Con una fortuna de 75 mil millones de dólares, Warren Buffett es uno de los cinco hombres más ricos del mundo. Sin embargo, todavía vive en la misma casa en Omaha, que adquirió en 1958 por 31 000 dólares. Como un multimillonario frugal, compró su avión privado a un precio de ganga. Monta un auto de gama media y se sirve una buena comida en el restaurante de carnes solamente una vez a la semana.

En una entrevista con la revista estadounidense 'Fortune', el 25 de junio de 2006, anunció que donaría el 85 % de su fortuna a organizaciones de beneficencia e investigación médica, de los cuales 30 mil millones a su amigo 'Fundación Bill Gates'.

¿Por qué te conté estas historias de éxito?

Ilustran mejor que un seminario bursátil: el método más efectivo de especulación bursátil es perseguir con paciencia una buena estrategia de inversión.

Ahora tengo que corregir la imagen negativa que he diseñado en la bolsa de valores. La bolsa de valores no solo es una dama voluble sino también una gran benefactora, como la historia de vida de *Warren Buffet* prueba.

Tal vez esta carta ha despertado en usted el deseo de convertirse también en una millonaria caritativa, siguiendo el ejemplo de *Warren Buffett*. En otra carta, le daré más información sobre la estrategia de *Warren Buffett*.

Para hacerle consciente de que está en la mejor compañía como especuladora, le presentaré a algunos especuladores prominentes:

El filósofo romano *Cicero* adquirió por la especulación inmobiliaria una considerable fortuna. Llegó a dos conclusiones que han mantenido su validez hasta el día de hoy:

El dinero es la base de la república y

la especulación es el trampolin hacia una gran fortuna.

El escritor francés *Voltaire*, un especulador apasionado, tenía todos los lotes del estado francés comprados por hombres de paja. Calculó que la suma de las ganancias de la loteria era considerablemente mayor que el precio total de la compra de todos los lotes. Fue muy rico con este golpe, pero el director de lotería fue despedido sin previo aviso.

Otros especuladores famosos: el pintor *Gauguin*, los escritores *Balzac* y *Beaumarchais* y el economista inglés *Lord Keynes*. Debajo de su retrato, el gobierno británico escribió el siguiente texto:

'*John Maynard Lord Keynes*, quien logró hacer una fortuna sin trabajar.'

Ya que voy a hacer una gira por California, no puede comunicarse conmigo en las próximas cuatro semanas.

El mayor crack bursátil

Querido amigo,

durante su viaje a California, leí un libro sobre el mayor colapso bursátil. Me quedó claro: La bolsa de valores no es solo la dama benévola que me ha presentado. Tiene dos caras: una amigable que ha mostrado a *Benjamin Graham* y *Warren Buffett* y una poco amistosa que ha mostrado a muchos corredores de bolsa. Uno de ellos escribió:

'En el mercado de valores puedes hacer una pequeña fortuna invirtiendo una gran fortuna.'

El mercado bursátil ha destruido repetidas veces gigantescas sumas de dinero. En 1929, *Wall Street* causó la peor debacle financiera de la historia. Antes de 1929, el mundo experimentó el mayor boom bursátil de todos los tiempos. La fiebre especulativa ha infectado a todas las capas sociales.

Las sugerencias fueron aún más solicitadas que el alcohol prihibido por la *Prohibición*. Los chóferes solo escuchaban con una oreja al tráfico; con la otra oreja intentaron atrapar una información del mercado bursátil de sus pasajeros. El ayuda de cámara de un especulador ganó un cuarto de millón dólares con la sugerencia de su amo. El consejo bursátil de un paciente agradecido trajo 30 000 dólares a una enfermera. Las mujeres instaron a sus hombres a apresurarse para no llegar tarde a la carrera por la riqueza. Una actriz adornaba su departamento con gráficos de precios de acciones en alza:

General Electric subió 300 % en un año y Radio Corporation 400 %.

J. Raskop, director de General Motors, escribió en el '*Ladies Home Journal*':

'Dado que los ingresos pueden incrementarse de esta manera, creo firmemente que no solo todos pueden hacerse ricos, sino que todos están comprometidos con él.'

'God's own country' fue golpeado por la ilusión de que la abolición de la pobreza es inminente y luego comienza una nueva era de 'prosperidad eterna'.

El 24 de octubre de 1929, el llamado **Black Friday**, comenzó la mayor debacle financiera de la historia. Todo el drama está ilustrado por el curso del *Dow Jones Index*: En el primer listado en 1896, el índice tiene 41 puntos. Hasta 1927 se eleva a 100 puntos. A través de una especulación bursátil sobrecalentada y parcialmente financiada por el banco, el índice alcanzó en septiembre 1929 el record de 381 puntos. Los precios de las acciones vertiginosas están muy por encima del valor real de las empresas.

Irvin Fisher, profesor de la *Universidad de Yale*, dijo el 16 de octubre:

"Parece que las acciones han alcanzado una meseta permanente."

En los próximos tres días habrá un colapso del mercado de valores. El *Dow Jones Index* pierde un 15 %. El 23 de octubre, el índice cae a 300 puntos. Al día siguiente, el 'Black Friday', el valor total de todas las empresas en Wall Street se reduce en 11 mil millones de dólares. El lunes, el índice cae a 260 puntos. El martes perdió otro 12 %. El 15 de noviembre cae a 180 puntos. En el verano de 1932, después de una pérdida total del 89 %, finalmente cae en los 41 puntos que tenía el primer día de su listado.

Los precios de las acciones de las grandes compañias estadounidenses se hunden en el abismo:

General Motors de 73 a 8, Radio Corporation de 115 a 3 ½, General Electric de 220 a 20.

En las estadísticas estadounidenses, el colapso bursátil se refleja de la siguiente manera:

Más de 123 000 especuladores exitosos que tenían un automóvil de lujo tuvieron que trasladarse al metro. Como resultado de la debacle financiera, más de 9000 bancos declararon bancarotta. La leyenda estadounidense del lavaplatos, que se eleva al millonario, se desarrollaba cada vez más en la dirección opuesta. Millones de accionistas en América y Europa eran indigentes, pero luchaban por encontrar personas ricas que mendigar.

Finalmente le cuento dos anécdotas: El hijo de un corredor de bolsa pregunta a su padre:

"Siempre estás hablando de 'mercado alcista' y 'mercado bajista'. ¿Qué es eso?"

"Te lo explicaré con ejemplos, hijo. El mercado alcista significa autos de lujo, champaña y mujeres fantásticas. El mercado bajista significa metro, Coca Cola y tu madre."

El comediante estadounidense *Will Rogers* había vendido todas las acciones antes de la quiebra del mercado de valores más grande. El creciente número de suicidios lo inspiró al siguiente gag:

"En Nueva York, el portero del hotel pregunta a los recién llegados: ¿Quiere una habitación para dormir o para saltar por la ventana?"

Me importa mucho dormir bien. Por lo tanto, no puedo decidir unirme al club de accionistas, que consiste principalmente en hombres que toman riesgos.

Querida amiga,

a mi regreso de California, encontré su carta, a la que respondo inmediatamente.

El colapso del *Dow Jones Index* entre 1929 y 1932 al valor de 1896 sacudió su confianza en el mercado bursátil. Puedo entenderlo bien. Sin embargo, el posterior desarrollo del *Dow Jones Index* es una historia de éxito:

En 1954 alcanzó el nivel de 1929 nuevamente. En 1972 rompió la barrera del sonido de 1000 puntos. En 1987 él sube más de 2000 puntos. En 1992, supera el obstáculo de 3000 puntos. A partir de entonces, se elevará a más de 26 000 puntos para 2018. Aunque el aumento de los precios fue interrumpido repetidamente por las caídas bursátiles, el *Dow Jones Index* aumentó mucho desde 1896 hasta 2018.

El auge del mercado de valores y el

colapso bursátil son dos caras de la misma moneda. El corredor de bolsa *André Kostolany* escribe:

'No se produjo un colapso bursátil que no fue precedido por un boom y sin un auge que no termine con un colapso bursátil.'

Un especulador dijo:

"No hay timbre antes del colapso bursátil."

Sin embargo, hay una señal de alarma antes del colapso bursátil: el llamado 'mercado de valores de las amas de casa'. Esto significa que las personas están ingresando a la especulación bursátil, que no tienen idea de las acciones. El billonario americano *John Rockefeller* obviamente tenía buen sentido para esta señal de advertencia. Vendió todas las acciones hace algunas semanas Black Friday, ya que un limpiabotas le había dado varias sugerencias. Debido a la experiencia del Black Friday, las bolsas de valores establecieron una nueva norma para evitar una venta de avalanchas. En las pérdidas extremas de precios, la negociación se suspende en el mercado bursátil. Gracias a esta estrategia, ninguno de los últimos desplomes bursátiles tuvo más consecuencias devastadoras que el Black Friday. Después del colapso bursátil de 1987, los corredores de Bolsa de Frankfurt demostraron que no perdieron el humor. Ellos escribieron el siguiente texto:

'Mis finanzas están destrozadas. Se estrellaron en el mercado de valores. Obtuve eso de mis acciones hechas cometas a los niños. Fui con ellos al campo, donde las brisas soplaban suavemente. Allí pude ver que mis acciones subían nuevamente.'

Tal vez pueda devolverle la confianza perdida en el mercado bursátil presentandole el triángulo de rendimiento DAX. Este triángulo de retorno demuestra que la acción del índice DAX siempre ha obtenido ganancias cuando hay un intervalo largo entre la compra y la venta. Por ejemplo, de 1983 a 2006, la ganancia anual promedio fue del 10,7 %. Solo los breves intervalos entre la compra y la venta provocaron pérdidas, por ejemplo, entre 2002 y 2004, hasta una pérdida media anual del 6,2 %.

El triángulo consiste en 300 campos. Los campos azules significan ganancias, los campos rojos significan pérdidas y los campos blancos significan un rendimiento de 0 %. El 87 % de los campos son campos de ganancias. Solo el 10 % de los campos son campos de pérdida. Espero que la cantidad de campos de ganancias le devuelva la confianza en el mercado bursátil. Uno puede comparar el especulador de acciones con un equilibrista. Si él cae, su vida es salvada por la red de seguridad. Si el especulador fue lo suficientemente inteligente como para construir una red de seguridad, su fortuna será ampiamente rescatada en caso de un colapso del mercado.

El especulador *André Kostolany* tiene

la opinión:

Un corredor de bolsa, que no quiebra al menos dos veces durante su carrera, no es un verdadero especulador. En mi opinión, él es un mal especulador. El buen especulador se protege a través de una red de seguridad que consiste en las siguientes 7 reglas:

1. Invierta solo parte de sus activos en acciones. La porción de la cartera de valores se calcula de acuerdo con la siguiente fórmula:

Porción en % = 100 menos edad.

Por lo tanto, un hombre de 25 años no debería invertir más del 75 % en acciones. Para un hombre de 75 años, la proporción puede ser solo del 25 %.

2. Compre acciones solo con dinero que no necesita durante un largo período de tiempo. Si necesita el dinero poco tiempo después, es posible que tenga que vender las acciones a pérdida.

3. Invierta su dinero en diferentes

acciones de diferentes industrias. Esto reduce el riesgo de precio.

4. Invierta sus ganancias de acciones en valores de renta fija. Cuando los rendimientos se reinvierten en acciones, y cuando se produce un colapso en el mercado bursátil, la mayoría de las ganancias se pierden. Sin embargo, cuando las ganancias han invertido en valores de renta fija, se mantienen. Para el corredor de bolsa es difícil convertir las ganancias en acciones en valores seguros con bajos intereses. Es por eso que *André Kostolany* escribe:

'No es difícil ganar dinero. Es difícil retener el dinero.'

5. Realize las ganancias de capital. Uno siempre debe recordar: El mercado de valores no es una calle de una sola vía. Las ganancias son solo dinero prestado que debe pagar en la siguiente pérdida de precio. Cuando obtiene ganancias vendiendo acciones y cambiándolas a valores seguros, las ganancias se mantienen.

Si el precio continúa aumentando después de la venta parcial, el inversionista puede ester contento ya que las acciones que permanecen en la cartera continúan subiendo. Y puede estar satisfecho si el precio cae después de la venta parcial, porque había puesto parte del beneficio en el lado seguro a tiempo.

6. Nunca compre acciones con la ayuda de préstamos bancarios. En una caída del mercado de valores, los préstamos no pueden ser devueltos. Sin embargo, el reclamo de reembolso del banco permanece. El inversor tiene deudas.

7. Minimice sus pérdidas vendiendo las acciones tan pronto como sea posible en caso de una pérdida de precio.Una regla de cambio comprobada es: permitir el aumento de los precios, manteniendo pequeñas las pérdidas de precios. Para compensar una pérdida del 50 %, se requiere un aumento de precio del 100 %.

Para aligerar mi seminario bursátil,

le contaré algunas anecdotes:

La señora *Pollak de Parnegg*, la esposa de un ennoblecido empresario textil de Viena, era famosa en toda Austria por sus deslices estilisticos.

Ella le envía un telegrama a su hijo:

'Concierto de la mañana. Por favor ven.'

El hijo telégrafia:

'No es posible. Estoy con angina en la cama.'

Contesta el telegrama de la baronesa:

'Dale 100 coronas y despídela.'

Después del concierto, la baronesa se acerca radiantemente al pianista y dice:

"Ya he escuchado a Arthur Rubinstein ..." El pianista se inclina halagado.

"Ya he escuchado al mago Franz Liszt ..." El pianista se unclina aún más. La baronesa termina su frase:

"Ninguno de ellos sudaba como usted."

Despues de la noche, la baronesa le

dice a la *princesa de Esterhazy*:

"En mi próximo concierto, quiero ofrecer algo muy especial a los invitados. ¿Puede darme una pista, alteza?"

"Solo digo una palabra: *Roséquartett*. Sus invitados se sorprenderán."

Un mes después, las dos mujeres se encuentran en el '*Burgtheater*'.

La baronesa dice a la princesa:

"Hombre extraño, este señor *Roséquartett*. Aunque lo contraté solo, trajo a otras tres personas."

Le debo a la música una visión importante sobre el mercado de valores. Así como el éxito de una pieza de música depende de unas pocas notas de la melodía, el éxito de la bolsa de valores se basa en algunos conceptos básicos.

Los fundamentos del comercio bursátil

Querida amiga,

me alegra que quiera ingresar a la especulación bursátil debido a mi carta. Sin embargo, primero debe aprender los conceptos básicos de la negociación bursátil. Después de eso, puede obtener grandes ganancias a través del mercado de valores. Usted escribe:

'No tengo idea acerca de las acciones.'

Según una encuesta, la mitad de todos los alemanes no tienen idea acerca de las acciones. Por lo tanto, la participación de los accionistas en Alemania en 2016 fue solo del 6 % (Francia 15 %, Suiza 20 %, Gran Bretaña 23 % y los Estados Unidos 25 %).

Los alemanes tienen un ahorro de 5100 mil millones de euros. Pero solo el 6 % de ellos tienen acciones. Sin embargo, las acciones obtienen más ganancias a largo plazo que cualquier otra inversión. El rendimiento promedio de las acciones en los últimos 50 años ha sido un 2 % superior a la tasa de rendimiento promedio de los valores de renta fija. En un período de inversión corto, esta diferencia de interés tiene poco efecto sobre el beneficio. A largo plazo, la diferencia de rendimiento debido al interés compuesto es muy grande. El monto final de una inversión de retorno del 9 % excede el monto final de una inversión de retorno del 7 % en un 40 % en 10 años, en un 173 % en 20 años y en un 565 % en 30 años.

El mercado de valores es un motor importante de la economía. Los financieros (accionistas) y los destinarios de dinero (empresarios) se encuentran aquí. Los empresarios aumentan su capital al transformar su empresa en una sociedad por acciones. Los accionistas pueden beneficiarse de las distribuciones de ganancias de la compañía y del aumento de los precios de las acciones.

Al comprar una acción el inversor se convierte en el coproprietario de la empresa. Él está involucrado en el beneficio, si el desarrollo de la empresa es bueno y en la pérdida, si el desarrollo es malo.

Un **índice de acciones** se compone de un mayor número de acciones. Las 35 empresas españolas más importantes forman el índice **IBEX 35**, las 30 compañías estadounidenses más grandes el **Dow Jones Index** y las 30 mayores corporaciones bursátiles alemanas el índice de acciones alemanas (abreviatura **DAX**).

ETF (exchange traded fund) es un fondo que refleja los resultados de un índice bursátil. Ejemplo: un ETF basado en Dow Jones Index refleja lo más posible el precio de ese índice. El valor del ETF es 1/100 o bien 1/10 del valor del índice. Si el Dow Jones Index es 26 000 puntos, el valor del ETF es 260 o bien 2600 dólares.

El ETF ofrece la oportunidad de invertir en todas las acciones de un índice comprando solo un valor.

Los ETF se negocian en la bolsa de valores y, por lo tanto, se pueden comprar o vender en cualquier momento.

Debido a su administración pasiva, los costos son mucho más bajos que en el caso de un fondo administrado activamente.

Los dividendos se distribuyen a los proprietarios del fondo o se reinvierten en el fondo.

Los ETF se tratan como activos especiales. En caso de insolvencia del emisor, siguen siendo propiedad del inversor.

Cuando compra una acción, o bien realiza el pedido para comprar el precio más barato o bien indica el precio que desea pagar al máximo. Cuando la vende, o hace el pedido para vender al precio más alto o al menos da el nombre del precio que quiere recibir.

Al construir un paquete de acciones, hay dos opciones. Puede comprar un número igual de acciones cada mes, o puede gastar una cantidad igual de dinero cada mes para comprar acciones. Le recomiendo la segunda opción. Si gasta una cantidad igual en acciones cada mes, se compran menos acciones cada mes en el caso del aumento le los precios, pero más acciones en el caso de la caída de los precios. Como resultado, un precio de compra más barato que la adquisición de un número igual de acciones por mes.

Debido a sus declaraciones a veces un tanto desconcertantes *Warren Buffett* fue apodado 'El oráculo de Omaha'. Sin embargo, él da una respuesta clara a la pregunta sobre cuál es el mejor momento para comprar acciones. En su opinión, la mayora de los accionistas cometen el error de estar influenciados por el alza y caída de los precios de las acciones.

"Se sienten bien cuando sus acciones suben y se sienten mal cuando caen. Me siento bien cuando cae el precio de mi acción porque puedo comprar más acciones."

Al creer firmemente que las acciones que selecciona aumentarán a largo plazo, aprovecha la oportunidad de precios a la baja para comprar estas acciones varias veces a precios cada vez más bajos. Establece un límite de precio cada vez para lograr un precio de compra promedio más bajo.

Tambien es beneficioso si compra una acción poco antes de la distribución de dividendos. La porción del beneficio que una compañía distribuye a sus accionistas se denomina 'dividendo'. El calculo del rendimiento del dividendo es muy simple: Rendimiento del dividendo en % = dividendo dividido por el precio de la acción x 100.

El dividendo se distribuirá el día

después de la Junta General. Cualquier accionista que tenga una participación en su depósito el día de la Junta General recibirá el dividendo. El día después del pago del dividendo, el precio de la acción disminuirá en una cantidad igual al dividendo.

Ahora le explicaré los factores causales más importantes para el desarrollo de los precios de las acciones:

La relación entre oferta y demanda determina el precio de la acción. El aumento de la demanda tiene un efecto positivo en el precio de la acción. La caída de la demanda tiene un efecto negativo.

Aquí, la situación económica juega un papel importante. Esta se ejecuta en 3 fases: Recuperación económica, auge y recesión. En la recuperación económica y el auge, los inversores pueden comprar más acciones debido a sus crecientes ingresos. Los precios de las acciones suben. En períodos de recesión económica, los inversores pueden gastar menos dinero en acciones. El precio de las acciones está cayendo.

Un factor causante importante en el aumento de los precios es la caída del precio del petróleo. Dado que los inversores tienen que gastar menos dinero en los costos de energía (gasolina, calefacción), pueden comprar más acciones.

Un importante factor causante de la caída de los precios es un aumento en la tasas de interés de los valores de renta fija. En este caso, los inversores comprarán más valores de renta fija y, por lo tanto, tendrán menos dinero para comprar acciones.

Ahora ha aprendido los conceptos básicos del comercio bursátil. Además de este conocimiento básico, solo necesita conocer las mejores estrategias de mercado bursátil para obtener grandes ganancias en el mercado bursátil. Explicaré estas estrategias en mi próxima carta.

La baronesa *Pollag de Parnegg* cena en

un restaurante a las afueras de Viena. Un caballero sentado en la mesa de al lado se presenta.

"Baronesa, mi nombre es '*Prochaska*'. Este nombre significa 'paseo'."

Después del postre, la baronesa hace un guiño a su vecino y dice:

"Ven conmigo al parque. Hagamos un peqeño '*Prochaska*' juntos."

Un día, el *barón de Parnegg* desapareció de repente. Lo busca, pero en vano: sigue siendo imposible de lo encontrar. La baronesa siempre tiene las mejores ideas en la cama. Entonces decide acostarse para pensar dónde podría estar su marido. En el dormitorio, de repente ve de bajo de la cama un zapato negro y, cuando se inclina, la cara pálida de su marido muerte. Llama a la doncella y dice muy molesta:

"Mira, Lena, cómo arreglas."

Querida amiga,
en una sesión de carnaval, el artista
de cabaret *Herbert Bonnewitz* bro-
meó:

"Querida señora, ¿quién deja pensar por usted?"
Con respecto a la especulación bursátil, no debe tener inhibiciones para
que los profesionales del mercado
de valores piensen por usted. Es
mejor ganar mucho dinero con su
ayuada que especulando en el mercado bursátil con poco éxito. Le
presentaré las mejores estrategias
bursátiles para que sepa cómo se
generarán sus futuras ganancias en el
mercado bursátil. La selección de
acciones con las mejores estrategias
requiere mucho tiempo y esfuerzo.
Es por eso que es mejor que la dejas
a los especialistas del mercado de
valores.
La 'estrategia de valor' desarrollada
por *Benjamin Graham* se basa en la

siguiente consideración: Si el valor bursátil de una acción es menor que su valor real, esta acción se compra a mediano plazo, ya que los inversores reconocen la infravaloriación. En consecuencia, el precio de esta acción aumenta. Debido a la infravaloración, el riesgo de pérdida de precio es bajo. Las acciones seleccionadas con la ayuda de la estrategia de valor tienen así una buena oportunidad de precio y al mismo tiempo un bajo riesgo de precio.

El índice MSCI EMU VALUE refleja el rendimiento de las empresas europeas infravaloradas. Este índice aumentó un 95 % entre 1997 y 2009. El índice de empresas que no estaban infravaloradas solo aumentó un 51 % en el mismo período. La diferencia del 44 % demuestra la superioridad de la estrategia de valor.

Determinar el valor real de una acción requiere mucho tiempo y esfuerzo. Por eso, le recomiendo comprar un fondo ETF basado en la

estrategia de valor, por ejemplo:
UBS ETF MSCI EMU VALUE -
A EUR DIS, ISIN: LU0446734369.

La 'estrategia de dividendos' desarrollada por *Benjamin Graham* se basa en la siguiente consideración:

El rendimiento total de una acción consiste en la ganancia de precio y el dividendo. Las acciones que pagan un dividendo alto, también tienen una rentabilidad total por encima de la media. Hay dos variantes de la estrategia de dividendos.

La estrategia top 10:

Al comienzo del año, usted compra las 10 acciones de un índice que pagan el dividendo más alto. Estas acciones se guardan en el depósito por un año.

La estrategia low 5:

De las 10 acciones con la mayor rentabilidad por dividendo, usted compra las 5 acciones con el precio de compra más bajo. Estos se mantienen durante un año en el depósito.

Las 10 acciones con los dividendos más altos en el *Dow Jones Index* arrojaron una rentabilidad anual promedio del 17 % de 1976 a 1996. La estrategia low 5 retornó un 20 % en el mismo período. Ambas estrategias superaron el rendimiento anual promedio de todas las acciones estadounidenses, que fue del 11 %.

De 1974 a1995, las 10 acciones con los dividendos más altos en el *DAX* lograron un rendimiento anual promedio del 15 %, superando el rendimiento promedia de todas las acciones de DAX al 7 %. La estrategia low 5 logró un rendimiento anual promedio del 20 % de 1982 a 1996, superando al DAX en un 8 %.

El llamado DIVDAX es un índice de las 15 acciones de DAX con la mayor distribución de dividendos. Entre 2000 y 2011, el rendimiento total del DIVDAX superó el rendimiento total del DAX en un 45 %. Es por eso que recomiendo comprar un fondo ETF basado en la estra-

tegia de dividendos, por ejemplo:
ISHARES DIVDAX UCITS ETF
EUR DIS, ISIN: DE0002635273.

El principio de la 'estrategia *momentum*' es comprar acciones que ya están en una tendencia alcista. Esta tendencia al alza se puede ver en el hecho de que el precio de las acciones ha subido por encima del promedio en los últimos seis meses. La estrategia se basa en la siguiente consideración: si el precio de las acciones ha subido por encima del promedio en el pasado, es muy probable que aumente en el futuro cercano. Cuando el precio de la acción ha subido, tiende a subir más. Esta dinámica del curso se llama *momentum*.

El analista de bolsa *Robert A. Levy* desarrolló un método simple para encontrar acciones con un rendimiento superior al promedio:

Para todas las acciones en un índice, se calcula el precio promedio de las últimas 26 semanas. Luego, divide el precio semanal actual entre el precio promedio calculado de las últimas 26 semanas. Esto le da un número mayor a 1 si el precio actual está por encima del precio promedio de las últimas 26 semanas, o menos de 1 si es menor. Este número se llama *Levy relativ strength* (LRS).

La estrategia 'momentum' puede usarse con cualquier índice. Cuando se aplica al *Dow Jones Index*, se crea una clasificación de todas las acciones en el índice de acuerdo con el valor de LRS. Las 10 acciones con el valor más alto de LRS se compran y mantienen en el depósito por un año.

La efectividad de la estrategia *momentum* fue probada por los cálculos de la *Universidad de Mannheim*: Con este método, se pueden lograr rendimientos que son un 10 % superiores al rendimiento promedio de un índice. Este método confirma el dicho de los corredores de bolsa:

'The trend is your friend'

Le recomiendo que compre un fondo ETF basado en la estrategia *momentum*.

Finalmente le cuento una anécdota sobre el banquero de Berlin *Carl Fürstenberg*:

Había recibido para el viaje de Varsovia a Berlin un compartimento en la primera clase debido a la mayor protección. Cuando el tren partía, el señor L. se acercó a él, a quien el banquero había conocido en una cena de negocios en el hotel Adlon.

"Señor Fürstenberg, acabo de ver que su segunda cama está vacía. Le pagaré cualquier precio si me lo deja a mí."

En ese momento *Carl Fürstenberg* recordó que el señor L. había comido ruidosamente, lo que le hizo asociar un ronquido alto. Pensativo, miró al señor L. y dijo: "Tengo que reflexionar sobre su ruego."

Cuando el tren se detuvo en el estación fronteriza a la mañana siguiente, se despertó con el chirrido de las ruedas de frenado. Escuchó la voz cortante del oficial de aduanas:

"Estación fronteriza, control de pasaportes."

Cansado y pálido, el señor L. se sentó en su maleta. *Carl Fürstenberg* dijo:

"Si lo veo así, lamento que no le haya ofrecido mi segunda cama."

El señor L. respondió:

"La noche no fue tan mala, pero la peor parte es que el funcionario de aduanas me reprochó porque olvidé de recoger mi pasaporte en la recepción del hotel. No pude conseguir este obstinado funcionario por mis peticiones ni por un gran soborno para permitirme entrar a Alemania."

En ese momento, el obstinado oficial salió de un compartimiento vecino. El banquero fue hacia él y dijo algunas palabras. Luego vino el oficial al señor L., tocó a su gorro y dijo:

"Usted puede entrar a Alemania."

El señor L. quisiera abrazar al banquero. Fue hacia él y le apretó la mano con gran gratitud.

"Muchas gracias, señor Fürsten-berg, ¿pero qué le dijo a este obstinado oficial prusiano?"

"Le di una orden oficial y él me dijo: Por supuesto, si usted me da una orden oficial."

Los errores más comunes de los accionistas

Querida amiga,

antes de entrar en la especulación bursátil, tengo que advertirla de los errores más comunes que cometen los accionistas. Ya le presenté la red de seguridad de las siete reglas. Desafortunadamente, éstas son ignoradas por la mayoría de los accionistas. En un mercado bursátil en auge, los corredores de bolsa tienden a sobreponderar la tenencia de acciones en su depósito. Esto sucede porque no conocen la fórmula: 'Compartir en % = 100 menos la edad' o ignoran deliberadamente esta fórmula.

Una trampa común en el mercado bursátil es un soplo. Aquí existe el riesgo de que se vendan otras acciones para poder colocar la mayor cantidad de capital posible en la única carta del soplo. Si el soplo resulta ser un fracaso, significa una pérdida significativa para los inversionistas.

Pocos accionistas convierten sus ganancias de capital en valores de renta fija. Temen la amenaza de la reducción del rendimiento cuando cambian a valores de renta fija. No entienden que esta reducción de rendimiento es el precio inevitable para asegurar sus ganancias en acciones.

La 'estrategia contracíclica' es comprar a precios en baja y vender cuando suben los precios. Dado que el accionista sigue el instinto gregario, le es difícil vender con precios en alza. Si todos compran, ¿por qué debería vender contra la corriente?

Sin embargo, hay un comportamiento que es aún más difícil para él: vender una acción cuyo precio ha caído por debajo del precio de compra. Esto es interpretado por el accionista en el sentido de que la compra fue un error. A ningún accionista le gusta admitir que cometió un error. Es por eso que está buscando argumentos para no vender acciones, por ejemplo:

'El mercado bursátil estaba equivocado y corregirá este error nuevamente.'

Como regla, no es el mercado de valores el que estaba equivocado, sino el especulador.

Otro argumento:

'Es una debilidad temporal del precio, que pronto se ve compensada por un aumento en el precio.'

Como los precios de las acciones a veces se recuperan con un precio decreciente de la acción, estas recuperaciones de precios siguen aumentando las esperanzas de compensación de pérdidas. Acompañado por las siempre nuevas esperanzas del accionista en una compensación de pérdida, el precio de la acción cae a niveles cada vez más bajos.

Otro argumento:

'Mientras no venda la acción, la pérdida de precio aún no se ha realizado.'

Si no vende una acción que cae por debajo de su precio de compra, será doblemente perjudicial: en primer lugar, debido a la pérdida de esta acción y, en segundo lugar, debido a la pérdida de beneficios que habría realizado si hubiera vendido la acción anticipadamente y la hubiera invertido en una acción rentable.

Si una acción cae 10 - 15 % por debajo del precio de compra, le recomiendo que venda la acción. En su libro 'Geld, das gosse Abenteuer: Aufzeichnungen eines Börsianers' *André Kostolany* describe lo difícil que es:

' Lo más difícil es aceptar una pérdida en la renuncia de la bolsa. Es un procedemiento quirúrgico. Tienes que amputar el brazo antes de que se extienda el envenenamiento, cuanto antes mejor. Esto es difícil y entre 100 personas solo hay uno que sea capaz de hacerlo.'

Con toda probabilidad, usted no se encuentra entre las personas que tienen el poder para realizar dicha amputación. Por eso le recomiendo que le dé a su banco una orden *stop limit*. Esto significa, por un lado, que la acción se venderá automáticamente si cae por debajo del precio de venta que estableció y, por otro lado, que la venta solo se realizará si el precio está por encima de un límite que usted especifique.

Puede ver lo difícil que es para el accionista vender acciones que han caído por debajo del precio de compra. Sin embargo, hay un comportamiento que es aún más difícil para él: comprar acciones que se hunden. Pocos tienen el poder de comprar acciones cuando todo el mercado de valores se quiebra. Una vez más, el instinto gregario resulta ser el mayor obstáculo. Si uno escucha la llamada "fuego" y ve a todos los accionistas corriendo hacia la salida de la bolsa, uno debe tener los nervios duros como el acero de *Warren Buffett*, para permanecer en la bolsa y para comprar las acciones, que venden en estado de pánico los accionistas a precios bajísimos.

André Kostolany describe los altibajos en el mercado bursátil de la siguiente manera:

Los profesionales del mercado de valores ('manos fuertes') compran sus acciones en un colapso bursátil a precios bajísimos. El auge bursátil después de la crisis atrae cada vez más aficionados ('manos temblorosas') al mercado de valores. Los profesionales del mercado bursátil venden a estos aficionados sus acciones durante el boom bursátil a precios máximos. A consecuencia del colapso que siguió al auge bursátil los afionados sienten pánico. Venden sus acciones, que han comprado a los precios más altos de los profesionales, a los profesionales, pero esta vez a precios bajísimos.Después de eso, el juego comienza de nuevo, en el que los aficionados siempre pierden al pagar las ganancias de los profesionales, que siempre son los ganadores.

Finalmente, le cuento una anécdota sobre un hombre que debía su mayor golpe bursátil al pánico de los corredores de bolsa. Era un descendiente de esa dinastía de dinero legendaria que recibió el título honorario:

'Banqueros de los Reyes' y 'Reyes de banqueros'.

Nathan Rothschild compró bonos de guerra en la Bolsa de Londres que financiaron la lucha de Inglaterra contra *Napoleón*. El 18 de junio de 1815, hubo una batalla decisiva en *Waterloo* entre las tropas de *Napoleón* y los ejércitos de los aliados Inglaterra y Prusia. Se cree que el banquero recibió la noticia de la victoria de Inglaterra por una paloma mensajera de su agente belga.

Fue directamente a la bolsa de valores y vendió sus bonos de guerra con un semblante profundamente deprimido. Los corredores de bolsa afectados por el pánico siguieron su ejemplo y vendieron sus bonos de guerra, que se estrellaron en poco tiempo. Los bonos de guerra fueron comprados por hombres de paja del banquero a precios bajísimos. Unas horas más tarde, la noticia de la derrota de *Napoleón* provocó un repunte de los precios en la Bolsa de Londres. El mayor ganador del día fue *Nathan Rothschild*. El pánico de los comerciantes del mercado bursátil le dio la fantástica ganancia de un millón en libras esterlinas.